La guerra muda

# SOBREVIVO
## Colección de poesía
### *Homenaje a Claribel Alegría*

*Homage to Claribel Alegría*
## Poetry Collection
# I SURVIVE

Eduardo Fonseca

# LA GUERRA MUDA

Nueva York Poetry Press®

Nueva York Poetry Press LLC
128 Madison Avenue, Suite 2RN
New York, NY 10016, USA
+1(929)354-7778
nuevayork.poetrypress@gmail.com
www.nuevayorkpoetrypress.com

## La guerra muda
© 2023 Eduardo Fonseca

ISBN-13: 978-1-958001-71-4

© Blurb:
Mario Martz

© I SURVIVE COLLECTION vol. 4
*Homage to Claribel Alegría*
Social Poetry

© Publisher/Editor-in-Chief:
Marisa Russo

© Editor and Cover Designer:
William Velásquez Vásquez

© Layout Designer:
Agustina Andrade

© Cover and Interiors Photographer:
Luis Rodríguez Romero

© Photographer's Model:
Karina Sánchez

© Author's Photographer:
Diego Quirós

Fonseca, Eduardo
La guerra muda / Eduardo Fonseca. 1a edi-- New York: Nueva York Poetry
Press, 2023, 104pg. 5.25 x 8 inches.

1. Costa Rican Poetry 2. Central American Poetry. 3. Latino American

*En esta parte del sur estamos viviendo una guerra silenciosa.*
*Un lugar de mortandad todos los días*

RTVE, *Dolor por dólar* (2005)

# Parte I

## Fuera del radar

*Por lo general, soy feliz viendo desaparecer,*
*poco a poco, a la gente de esta ciudad.*
CLAUDIA HERNÁNDEZ

## LOS JÓVENES NO PUEDEN
## VOLVER A CASA

*A Mario Martz*

Ante la escasez de basalto y granito,
fortificaron las murallas
con el espasmo de sus huesos.
Renunciaron a su ombligo;
ni las chicharras del pueblo
pronuncian sus nombres por la noche.
Partir es el mejor remedio para el
       Alzheimer:
el olor del vaho de la abuela,
el camino de regreso a casa tomado por la
       neblina.
Las granadas de agua oxidaron
los árboles de las avenidas,
más no evitaron
el *big bang* de las yugulares.
Su verborragia inunda las columnas de los
       diarios,

pero a solas, la afasia les posee
y les hace mirar cortometrajes en el
        cielorraso.
C alma de nuevo en Monimbó
A listan las maletas
S ellos en los pasaportes
A nuncian un vuelo con destino
        a Managua.
Los pericos
han vuelto por esa herencia
que dormita bajo los volcanes.
Aprendieron a convivir con el azufre
dentro de sus pechos.

## LOS OTROS

Los otros son magos innatos,
desde pequeños son diestros
para ocultarse entre cartones.
Jamás serán entrevistados
por esa revista de espectáculos,
que sí podrán vender luego
bajo sociedad anónima.
Los otros son la niña descalza
que entra a la disco a vender rosas.
Se atoran como flechas
en las gargantas de quienes
engañan a la noche con boleros.
En las cordilleras de mi país
los otros se refugian del bullicio,
hasta que el hacha lacera
la sabiduría de las cortezas.
Los otros van a misa y se retiran antes,
saben que cuando esta finalice,
la paz no estará con ellos
ni con su espíritu.

# JALANDHAR

*Los picos más altos del mundo son visibles en India por primera vez en décadas gracias a la menor polución*
Infobae, 9 de abril de 2020

Papá me enseñó a esquiar entre caseríos
y a evadir la guardia de los sadhus,
mientras escalábamos la cúpula del
    Baba Sodal.
Allí él dibujaba en el horizonte
los templos que Alejandro Magno alzó,
a modo de frontera,
hasta que el smog convirtió todo en
    rumor.

Décadas después,
desde mi ventana, pude ver la tarde
quemar el silencio del Himalaya.
Lástima que los pulmones de papá
sucumbieron a las estafas del aire.

# SALIR DEL CLOSET

Cuando alguien sale del clóset
es gladiador que amansó a los leones,
rindió a los soldados,
partió la silla del emperador
y abandonó el coliseo con la frente en
      alto.

Una vez fuera,
deberá moverse con cautela
para que no la intercepten
las miradas por debajo del hombro.

¿Acaso vivimos en un gran clóset?
¿Quién lo abre?
¿Quién se queda?

A veces se sale y sigue oscuro,
la disco se ilumina con disparos.
Unos se esconden en el baño
y envían un último mensaje:
*Mom He´s coming,*
*I´m gonna die.*

# TIEMPO FUERA

*En los escombros*
*una flor queda intacta.*
*La arranca un niño.*
JUAN CARLOS OLIVAS

## I

Un niño sirio arranca del suelo una flor,
y otros mil caen como puñados de sal:
solo queda la esterilidad de la risa.

## II

Las escuelas envejecían más lento que noso-
tros,
hasta que un día todas amanecieron
con la espalda encorvada.

## III

Jugamos a las escondidas con los centinelas.
Si sus luces rojas alcanzan nuestras frentes,
dudo que nos dejen pedir tiempo fuera.

# EXHORTACIÓN

*A Milena Grillo*

Padres,
no permitan que el odio de sus ancestros
les incineren las cuencas
y deje caminos de ceniza
sobre las tiernas espaldas de sus hijos.

Madre,
si castigas a tu hijo que sea leyendo libros,
y si le duelen sus manos,
será por haber llenado de poemas su
        libreta.

Padre,
tu hija aborrece el sabor del cuero
        caliente,
aún puedes enfriarle la boca con un
        helado
y enseñarle el misterio del abrazo.

Es momento de dejar que los niños
saluden a las lombrices debajo de las
      rocas,
hace tiempo nadie las visita.
Padres,
si permiten que los corazones de ellos
también se endeuden con el fuego,
cuando crezcan y sean padres,
en sus ojos no habrá más que ceniza.

## EL ALIADO

Soy hombre,
no, no voy a trillar a Jorge Debravo.
La hembra, bestia,
carece de palabras.

La guerra no me entra por las cavidades
ni escondo besos forzados bajo un velo.

Mis muñecas están limpias,
el carmesí no me alumbra el rostro,
mañana no me preocuparé
por amanecer con la mordida
del acero en la garganta.

Como soy hombre,
me limitaré a interpretar,
sin que tus córneas
me destrocen como perdigones
cuando te dé la espalda.

## VALLENATO DEL NO RETORNO

Voz de páramo perdido,
no te abraza el acordeón.
Ya mil días arrepentido,
lágrimas del frailejón.

Concreto mar rompe el cielo,
desentierra la arracacha.
Aguardiente sin consuelo,
te rasguña la guaracha.

Mi odio no escurre, se cuaja,
se hace pulpa de corozo.
Sangre redobla la caja,
sin tiempo para el sollozo.

Con la lengua de corbata,
sin morar bajo una duna
ni besar a la mulata,
yo me fui de la comuna.

# LA RUTA DEL CAFÉ

*A Javier Alvarado*

Cada año, cerca de 15.000 Ngäbe Buglé
peregrinan por la Ruta del Café.
Ignoran de cuál país
es el barro seco atorado en sus botas.

—Ti kädiänta, Marisa.
Allí van las mujeres como pedazos de
arcoíris
dispersos entre los cafetales.
De sus vaginas brotan semillas de
      pejibaye
 a veces anónimas.

—Ti kädiänta, Carlos.
El Guariviara derrama sus nombres,
pero se secan sin quedar en actas.

El próximo año, 15.000 Ngäbe Buglé,
solo dejarán rastro en el estante
de pejibayes frescos de algún
supermercado.

## DUBOVY LOG

Vagamos como ondas electromagnéticas
por varios territorios
y fuimos declaradas non gratas
en idiomas ajenos.

Ante el desasosiego de los años,
la poesía no se crea ni se destruye,
solo cambia de álbum fotográfico.

Ya nos han estallado suficientes reactores
dentro del pecho.

Ahora solo resta servir el vodka
y abrazarnos como dos habitantes menos
de este pueblo fantasma.

## BITÁCORA DE QUIENES
## SOBREVIVEN A LAS VIDEOLLAMADAS

Nos hacemos promesas
como cheques sin fondos
y con menor esperanza de vida
que un enfermero en Alepo.

Otro cumpleaños
en que la pantalla
se vuelve ventana
y nos secuestra el aliento.

## ESTELA LA LOCA

Pocos saben quién es Estela
y a casi nadie le importa.
Por eso es más fácil gritarle loca
para que ella cese el diálogo con un
*"jale hijueputa"*.

Yo tampoco la conozco,
pero haré suposiciones poéticas de su
identidad;
tal vez eso sea menos miserable
que llamarla loca.

Quizás ella padece el Síndrome de Noé,
o quizás fue muy lúcida al comprender
que el humano es el animal más infiel.
Por eso en su casa solo hay una cama
y 100 kg de comida para perros.

Quizás ella padece el Síndrome de Noé,
o quizás se crió con los cabécares
y ellos le enseñaron que entre más
      animales tengamos,

más cercano será nuestro encuentro con
     Sulá.

Los años pasan,
Los niños crecen al ritmo de
     graduaciones,
los alcaldes van y vienen,
pero cuando atardece en el parque,
el sol deja una estela de perros
y se oculta en la montaña.
Allí estará hasta que deba salir de nuevo
a responder las ofensas de los
     transeúntes.

## LA GUERRA MUDA

Pakal ofrendó pox, pecho desnudo.
Luego vino el metálico plumaje,
blasfemo fue el saber hecho brebaje,
maíz ya deshojado ante el barbudo.

Hoy día solo un rastro guarachudo,
vagón abandonado con bagaje,
el último Useköl en el paraje
disperso por un trágico estornudo.

Paran los milongueros, nadie queda,
el cóndor se extravía de su nido,
los gatos no atraviesan la alameda.

Pero del hueso roto y su crujido
ascenderá el guardián de la Moneda.
En el cuartel, copihue ha florecido.

# Parte II

## Disección de la máscara

*Dentro de nosotros hay algo que no tiene nombre,*
*esa cosa es lo que somos.*
JOSÉ SARAMAGO

# RATÓN DE BIBLIOTECA

*Un hombre tomó la trágica decisión de acabar con su vida y*
*se lanzó desde el puente sobre el río Virilla en*
*Tibás, San José (…) Según testigos el hombre llevaba un*
*bulto de Uber Eats en su espalda.*
NCR, 24 de abril de 2019

La cordura del mundo es reducida,
mi biblioteca también.
Ella es de solo un estante,
libros en gentrificación,
una ciudad más bombardeada,
una torre de dominó azotada por otra
o
  l  a
    d
      e
        c a
          l o  r.

Miro dentro y fuera de la ventana,
no hay diferencia.

Adentro,
los libros se desmoronan del estante
y caen con las páginas extraviadas;
de nada sirvieron los separadores
a modo de paracaídas.

Afuera,
los artistas se desmoronan del puente
y caen con las deudas extraviadas;
de nada sirvieron los bolsos térmicos
a modo de paracaídas.

## MILLENNIAL

Vivir en la lengua del siglo XXI
implica incrustarse una tablet en cada
      sien,
mirar hacia el frente y correr victorioso
por el hipódromo de Recursos
      Humanos.

Debo hacer otra carta de motivación,
pero me distraigo en el huracán de
      páginas.
Reviso las vacantes y no necesitan
      poetas,
es decir, jóvenes poetas.

Mis padres
      amigos del extranjero
         y uno que otro gato
dicen que llegaré lejos.
Yo me conformo con saber qué piensan
      los perros
cuando ocultan su muerte.

## HAIKUS PARA DAR LA ESPALDA

### I

De traje entero
viola con gran estilo
a nuestra matria.

### II

Somos la mosca
adentro del batido:
suicidas plácidos.

### III

La bala grita.
El sol sale rojizo.
Un gallo calla.

## Cuerda floja

Tras veintiún pasos,
he comprendido que la felicidad
es un espejismo de aplausos
cuando se quiere más de lo necesario.
Por eso el equilibrista carga apenas una
       barra
para hacer su recorrido.

Y es que vale más un saco de carbón
para el perdido en la selva,
que una sierra con diamantes
taladrando sus manos.

No tengo certeza de si anidará
una bandada de tucanes en mi espalda.
Nunca sabré cuándo el sereno
me helará la nuca.

Espero tener suficiente carbón
para dar mis últimos pasos.

## SOBRE LOS HUMANOS, LA INSPIRACIÓN Y EL HAMBRE

Si alguien gana otro premio de literatura,
o se rasca la nuca con el pie, es igual:
aplausos y nueces huecas.

Monumentos,
petroglifos
y tortillas.
Dudo que nos pertenezcan.

Si alguien en otro plano o cuartería
mueve un hilo o ronca,
tal vez nace el poema.

No lo entiendo y tengo hambre.
Pediré un descanso al titiritero,
aunque el poema igual crece
en un estómago vacío.

## $20

*Éramos tan pobres, oh hijo mío,*
*tan pobres*
*que hasta las ratas nos tenían compasión.*
LUIS ROGELIO NOGUERAS

Se terminaba el siglo XX
y la pobreza seguía esbelta.
No había ofertas navideñas en los
     anaqueles,
solo una rama seca con espray blanco en
     la sala.

Ma y Pa nos daban a mi hermano y a mí
su abrazo redentor,
y a nuestras espaldas se miraban
hasta que sus retinas hacían erosión
ante los platos vacíos.

Pa vencido, salió de noche a olfatear
como zaguate
los pellejos botados por algún carnicero.

De pronto, postrados en la acera
brillaban 20 dólares.

20 dólares con los que adiestran
y se adiestran,
llenaron los platos esa noche.

## LA PRIMA ANDREA

La prima Andrea,
escenografía de mi adolescencia,
protagonista en la cocina.

¿Cómo haber sobrevivido sin ella?
Hogar de padre e hijo
que no tenían el uso de las ollas
programado en su ADN.

Nada seríamos sin
sus tortas de papa con huevo,
auroras derribadas en el plato.

Yo regresaba al colegio.
Ella se batía en duelo
con el piso de cerámica.

A los días me fui a la universidad.
Ella, una escenografía más
que terminó función.

## AUTORRETRATO

Los grabados de la adolescencia tardía.
La ventana de los tiempos extra.
Matorrales para ocultar aeropuertos
        clandestinos.
Un cuarto de siglo después,
entiendo el contrarreloj de los párpados.

## EXPRESO DEL TERCER MUNDO

Se descarrila el tren.
La asistente del maquinista
grita "nos caímos".
Las piedras del río desconocen mi ros-
tro.

Nos bajamos de la máquina.
En el norte un hipermercado,
en el sur un tugurio;
la frontera son dos rieles, una alacena
        vacía.

Todos tienen manos,
pero si deben tenderlas,
prefieren lamentarse
porque su muerte fue un simulacro.

## DESDE EL CIELO

Desde el cielo nos vemos iguales.
Pobres y ricos,
somos hormigas escondidas
en nidos de incertidumbre.

Desde el cielo
me gusta quedarme en insomnio
y ver juntas todas las ovejas
que conté por veinte años.
Ellas forman el abrigo
que nunca me tejió mi abuela.

Desde el cielo
indago el olor de una mujer:
es lo único que puede
aterrizar este vuelo.

Hombre, oveja, hormiga, mujer.
Desde el cielo todos son recuerdo,
un rayo de luz
que atraviesa la ventana del avión.

## AGENDA-SETTING


No tengo tiempo para ser poeta a la
      moda.
Alguien me dijo que a los festivales
      literarios
ya no les importan los temas sociales,
pero resulta que a un migrante
le cortaron el brazo en Tecún Umán;
si fue el izquierdo o el derecho es lo de
      menos.

# LOS CUATRO SIRVIENTES

*I saw the best minds of my generation destroyed by madness,*
*starving hysterical naked,*
*dragging themselves through the negro streets at dawn looking*
*for an angry fix*
ALLEN GINSBERG

Hoy mi memoria fue visitada
por el cuento de los Cuatro Sirvientes.

El Primero,
tocado por la gracia de Lev Yashin.
Era una araña sobre las redes del arco,
no había balón que no devorara.
Pero al final, los somníferos
lo hicieron presa suya.

El Segundo
era el gordo malo del barrio.
En su bicicleta se iba
como Santa Claus en trineo,
repartiendo puchos en vez de juguetes.

Pero al final, los somníferos
lo dejaron esperando entre barrotes
la Nochebuena.

El Tercero,
aunque tenía el hechizo
de cuerpo de niño por siempre,
eso no detenía sus delirios
de alzar 150 kg y con ello su autoestima.
Pero al final, los somníferos,
como en el Bosque Aokigahara,
colgaron su silueta púrpura
en la penumbra de los cafetales.

El Cuarto,
se escapó de los somníferos
para redactar el final de este cuento.

## TRAYECTO

La vida es una huerta de transmisores.
Somos plantas
que alimentan a quienes rodean.

Si se borra la amargura del boceto
y se traza una sonrisa,
nos verá algún desconocido
y de pronto olvidará
que no tenía para la renta.

Si con el odio un puente
dibujamos entre nuestras cejas,
a la niña del frente le dará miedo cru-
zarlo
para regalarnos un chocolate.

Podríamos visitar cien países,
pero si al morir nuestra alma
no se repatria en otros seres,
el ataúd se velará solo,
mientras se diluye la tinta
de los cien sellos en el pasaporte.

# Parte III

# Después de la guerra

*Después de cada guerra alguien tiene que limpiar.*
*No se van a ordenar solas las cosas,*
*digo yo.*
WISLAWA SZYMBORSKA

## GUARDABARRANCO

*A Karina Sánchez*

Heredero del Rey Kukul,
tu nobleza irradia tornasol en las ramas
y no en el hierro de la espada.

Momótido tierra,
momoto aire,
Momotombo fuego,
Momotombito agua.

Pájaro péndulo;
civilizaciones creyendo dominar al
tiempo,
pero solo tu raquis dictará la hora
en la que volveremos al maíz.

Momótido tierra,
momoto aire,
Momotombo fuego,
Momotombito agua.

Creerán que ya nos fuimos, torogoz.
No nos verán más en los arrabales.
Aunque nos arrojen al vacío,
la dignidad también se sedimenta en los
barrancos.

# PARÁBOLAS DE JORGE DEBRAVO

*Más me agrada la sonrisa sincera de los mecánicos*
*que la disecada de los eruditos.*
JORGE DEBRAVO

Como usted,
procuro prescindir de la palabra
        intelectual,
esa larva que se anida en los sentidos
hasta dejarnos sobre un podio
con la conciencia extraviada.

Prefiero el poema que no se escribe,
pero se manifiesta en boca de pescador,
empanadera o estudiante de
        antropología:
la sonrisa nocturna y sin patria.

Las estructuras se renuevan
para que la poesía habite en un sitio más
        apto.

No obstante,
*El salmo de las maderas*
será una viga subyacente en ella,
al menos hasta que el mundo
se nos vaya entre los escombros.

## COSTUMBRE

De niños se nos secó
el azul y verde de las cuencas,
pero cuando nos buscamos
en la distancia del cometa
o en la cercanía de los vellos faciales
que juegan a los espadachines,
nuestras almas son una cromática
en la paleta de algún pintor surrealista.

Mi cuerpo es
un puñado de hormigas
que, si te toca,
luego solo querrá
refugiarse en el azúcar moreno.

Ya lo sabes,
el encuentro no tiene escapatoria.
A pesar de las computadoras,
los viajes a otros países y la soberbia,
hoy tu cuello se fundirá en mi brazo
al ritmo del herrero,
tal como dicta la costumbre.

## LINAJE DEL BIZCOCHO

Nunca sabré el peso
de ciertas palabras en la infancia:
fanega,
jornal,
olvido.

A diferencia de mis tías,
no rompí récords cogiendo café,
así que me conformé siendo veloz con
las teclas.
Tampoco aprendí el arte de meterle
mano al comal
y desconozco la ciencia de las cocinas de
leña.

De ellas recibo el milagro del bizcocho,
que más de una vez se multiplicó
por nueve.
Lo asimilo a mi tiempo
y lo reparto entre los peregrinos del aire.

## GUARDIANA DEL GUALCARQUE

3 de marzo de 2016,
la Muerte ahoga el pesar en Yuscarán,
tras haber acudido a esa cita.

Tres meteoritos
descienden en la casa,
funden los premios por la defensa del
ambiente
e impactan a quemarropa
la cintura de Abya Yala.

En las sombras brindan
con una sonrisa de moscas.
Caerán.
Olvidan que las guerreras lencas
fluyen por el río Gualcarque.
Son una corriente de alacranes
a la espera de los no invitados.

## CONVERGENCIA

Soy incrédulo del destino,
pero cuando la brújula nos hace
      toparnos
en este laberinto de caja de cereal
que es el mundo, cambio de opinión.

Vos, niña de Kiev, pudiste haber
terminado
con un patinador artístico sobre hielo;
ambos con los pies sobre un lago
      congelado
y el cuello dentro de una chimenea.

¿Yo? Ni la menor idea.
A lo mejor como corresponsal de
prensa,
cubriendo el último túnel que
      construyeron
las termitas del letargo.

En vez de ello, nos distrajimos del verano con un café.

Cinco meses después te di la mano en
Plaza Garibaldi,
y tras otros cinco meses, fuimos una
       sombra
en mi cuarto de universitario pobre.

Nada tiene sentido.
Si el Sistema tiene náuseas
escupe indigentes en las calles.

Nada tiene sentido.
Nos besamos y uno de ellos se levanta
       de su acera
para recitarnos a Bécquer.

## PRINCESA BRIBRI

¿Ìs be' shkẽnã?
Yo feliz por visitar tu reino
que resguardan el jaguar y la boa.

¿Qué quiere tu fina mueca?
Miras por la ventana de tu carruaje
con motor destartalado.
Sujetas a tu madre de la espalda,
mientras empoderada por Sibö,
rompes con un soplido las tormentas de
            polvo
que nublan el horizonte.

Tu vestido de rojos vuelos
es de una princesa que rapta suspiros
con sus macadamias parpadeantes,
y juega en los charcos de su jardín real.

¿Ìs be' shkẽnã?
Yo feliz por llenarme los pulmones
con tu cordillera.

## INVENTARIO

La ciudad es dura.
Lo dicen nuestras espaldas desgajadas
en el autobús o la oficina
y nos lo recuerda un rapero
que lanza rimas a la alcantarilla,
esperando que lo escuchen las ratas.

La ciudad es dura,
dura como los callos en los pies de mi
madre
que recorre una provincia en su viacrucis
        diario.

Tengo ganas de volverme pajarero,
pero el pintor me recuerda
que las aves no se quedan atrapadas en
        el lienzo.

La barba no me cierra.
La brecha no nos cierra.
Hay esperanza de que algún día lo harán.

Revisé la alacena.

Tengo tres papas, frijoles blancos,
una zanahoria, arroz y maracuyá.

Es suficiente para guisarle una sonrisa a
la ucraniana.

Con eso me basta.

## ATITLÁN

Millones de años.
La luna parte al vientre.
Grita la cadera.
Emerge la cadena de tierra y fuego.
Cochinilla,
romero,
guava,
campeche.
Sincretismo sanguíneo
que fluye por los telares.
Ciudad bajo el manto.
Billete entre los senos de la vieja
tz'utuhil.
El Xocomil mece a tus hijos
y entre sus manos de brisa
se lleva los pecados
de un período sin nombre.
Atitlán,
desde tus cumbres
todas las muertes se ven dignas.

# VIAJERO DEL TIEMPO

*Un suspiro es un beso arrancado a la luna*
RAFA FERNÁNDEZ

Soy un toro desangrado por pinceles,
un intaglio de saliva
tendido sobre la plaza.

Busco al maestro,
pero solo hallo su carruaje helado
tras recorrer la espalda de la luna.

¿Qué haremos ahora?
¿Quién retratará al mundo
con sus lentes de carboncillo?
¿Adónde irán las muchachas
a tener sus paseos rupestres?

Son insuficientes los sombreros,
así que tejeré una carpa
con los pañuelos olvidados en el entie-
rro,
para que se posen todas las aves
extintas por el realismo mágico.

Me desvanezco,
pero de pronto,
un niño recorre con sigilo el pasillo,
observa un par de cuadros
y suspira como si le hubiera grabado
un beso a la luna.

## CUANDO VIENES A MI PUEBLO

Cuando vienes a mi pueblo,
un poeta sale del metal fundido
y nos da la bienvenida
con versos que metieron en la cobija de
pasto
a toros y vacas durante la luna llena.

Conociste su bochorno
—el que anunció la llegada del tren al
Caribe—
por los diálogos de piernas,
exaltados hasta escupir sudor.

Cuando vienes a mi pueblo,
el poró derrama su tinta naranja en las
montañas
y el volcán nos construye una escalera de
ceniza,
para subir como niños traviesos
a tocar el timbre del cielo.

San Pedro sale y se enoja porque no ve a
        nadie:
ya nos escondimos dentro de las
almohadas.

# EL ALTAR QUE FUIMOS

*A Mauricio Fonseca*

Mi hermano les reza a varios dioses
  según la ocasión.
A Jesucristo para que convenza al Padre
de no enviar a los cuatro jinetes
y hacer sonar la última orquesta;
aún no madura la tomatera
del huerto de su escuela.

Al Keme le pide un búho de jade sobre
la  frente
para que lo guíe por la noche.
Desea que Gokú le enseñe la
  Genki-dama,
y así reunir la voluntad política necesaria
para tapar el hoyo de la capa de ozono.

También comprende que hay asuntos
en donde no se meten los dioses.
Por eso como velas, pone fichas de
  casino

y deja que el azar haga su misteriosa
    diligencia.

En cuanto a la literatura,
él ya comprendió que esta no salva a
    nadie.
Solo le sirve para reunir argumentos
que hagan a dioses dialogar entre sí,
para atender las peticiones del niño que
    hoy es
y mañana espero que también lo sea.

## CENTROAMÉRICA

Sus cordilleras de verde reiterativo
tornan absurdas las fronteras.

Sus valles secos me recuerdan
que en la ironía también hay belleza.

Me asusto por los embrujos de las
        noticias,
hasta que veo en la tortillera
la caricia que les dio temprano a sus
        hijos
antes de irse a palmear su futuro.

Mi patria es una isla de burbujas
que flota sobre un mar políticamente
        correcto.
Por eso escribo un poema
que se convierte en 522.760 km² de
        abrazos.

Algún día, Centroamérica dejará de ser
un sillón frío en la sala.

Algún día, ébano y bronce
tendrán el mismo valor que la porcelana.

## ACERCA DEL AUTOR

**Eduardo Fonseca** (Turrialba, Costa Rica, 1995). Es internacionalista por la Universidad Nacional de Costa Rica y gestor de proyectos sociales. Su obra poética ha sido publicada en la Antología Internacional Despierta Humanidad: Homenaje a Berta Cáceres (Grupo Coquimbo, Honduras, 2017); el libro Repensar las fronteras, la integración regional y el territorio (CLACSO, Argentina, 2017); Revista Comelibros (ASEUNA Campus Pérez Zeledón, Costa Rica, 2018); Poesía Joven Costarricense (Liberoamérica, España, 2020); Poesía en tiempos de pánico: antología de poesía joven de Costa Rica 1982-2004 (Campos de Plumas, México, 2021); y Fin de siglo: una antología de poetas costarricenses que nacieron en la incertidumbre del cambio (EUNA, Costa Rica, 2022). Ha leído su poesía en eventos culturales en Centroamérica y México. Fue miembro del Taller Literario Nuevo Paradigma, dirigido por Juan Carlos Olivas. También ha facilitado talleres de escritura creativa en comunidades y actualmente es miembro de O Istmo–Articulación Centroamericanista; Turrialba Literaria; y del Taller Literario Joaquín Gutiérrez.

# ÍNDICE

## LA GUERRA MUDA

### Parte I. Fuera del radar

Los jóvenes no pueden volver a casa   21

Los otros   23

Jalandhar   24

Salir del closet   25

Tiempo fuera   27

Exhortación   28

El aliado   30

Vallenato del no retorno   31

La ruta del café   32

Dubovy Log   33

Bitácora de quienes sobreviven
a las videollamadas   34

Estela la loca   35

La guerra muda   37

# Parte II. Disección de la máscara

Ratón de biblioteca 45

Millennial 47

Haikus para dar la espalda 48

Cuerda floja 49

Sobre los humanos, la inspiración
y el hambre 50

$20 51

La prima Andrea 53

Autorretrato 54

Expreso del tercer mundo 55

Desde el cielo 56

Agenda-Setting 57

Los cuatro sirvientes 58

Trayecto 59

# Parte III. Después de la guerra

Guardabarranco   67

Parábolas de Jorge Debravo   69

Costumbre   71

Linaje del bizcocho   72

Guardiana del Gualcarque   73

Convergencia   74

Princesa bribri   76

Inventario   77

Atitlán   79

Viajero del tiempo   80

Cuando vienes a mi pueblo   82

El altar que fuimos   84

Centroamérica   86

**Acerca del autor** ·   91

# I Survive
## *Sobrevivo*
## Social Poetry Collection
Homage to Claribel Alegría (Nicaragua)

1
*#@nicaragüita*
María Palitachi (Dominican Republic)

2
*Cartas desde América*
Ángel García Núñez (Perú)

3
*La edad oscura*
Violeta Orozco (Mexico)

4
*La guerra muda*
Eduardo Fonseca (Costa Rica)

5
*Una mujer cuelga del calendario /*
*A Woman Hangs from the Calendar*
Kenny Rodríguez (El Salvador)

# POETRY
## COLLECTIONS

### ADJOINING WALL
### *PARED CONTIGUA*
**Spaniard Poetry**
Homage to María Victoria Atencia (Spain)

### BARRACKS
### *CUARTEL*
**Poetry Awards**
Homage to Clemencia Tariffa (Colombia)

### CROSSING WATERS
### *CRUZANDO EL AGUA*
**Poetry in Translation (English to Spanish)**
Homage to Sylvia Plath (United States)

### DREAM EVE
### *VÍSPERA DEL SUEÑO*
**Hispanic American Poetry in USA**
Homage to Aida Cartagena Portalatin (Dominican Republic)

### FIRE'S JOURNEY
### *TRÁNSITO DE FUEGO*
**Central American and Mexican Poetry**
Homage to Eunice Odio (Costa Rica)

### INTO MY GARDEN
**English Poetry**
Homage to Emily Dickinson (United States)

### LIPS ON FIRE
### *LABIOS EN LLAMAS*
**Opera Prima**
Homage to Lydia Dávila (Ecuador)

## LIVE FIRE
*VIVO FUEGO*
**Essential Ibero American Poetry**
Homage to Concha Urquiza (Mexico)


## FEVERISH MEMORY
*MEMORIA DE LA FIEBRE*
**Feminist Poetry**
Homage to Carilda Oliver Labra (Cuba)


## REVERSE KINGDOM
*REINO DEL REVÉS*
**Children's Poetry**
Homage to María Elena Walsh (Argentina)


## STONE OF MADNESS
*PIEDRA DE LA LOCURA*
**Personal Anthologies**
Homage to Julia de Burgos (Argentina)


## TWENTY FURROWS
*VEINTE SURCOS*
**Collective Works**
Homage to Julia de Burgos (Puerto Rico)


## VOICES PROJECT
*PROYECTO VOCES*
María Farazdel (Palitachi)


## WILD MUSEUM
*MUSEO SALVAJE*
**Latino American Poetry**
Homage to Olga Orozco (Argentina)

# OTHER
## COLLECTIONS

### Fiction
#### INCENDIARY
*INCENDIARIO*
Homage to Beatriz Guido (Argentina)

### Children's Fiction
#### KNITTING THE ROUND
*TEJER LA RONDA*
Homage to Gabriela Mistral (Chile)

### Drama
#### MOVING
*MUDANZA*
Homage to Elena Garro (Mexico)

### Essay
#### SOUTH
*SUR*
Homage to Victoria Ocampo (Argentina)

### Non-Fiction/Other Discourses
#### BREAK-UP
#### DESARTICULACIONES
Homage to Sylvia Molloy (Argentina)

For those who think like Albert Camus that "thinking is, above all, wanting to create a world (or imitating one's own, which is equivalent to the same)" this book was published in August 2023 in the United States of America.

www.ingramcontent.com/pod-product-compliance
Lightning Source LLC
Chambersburg PA
CBHW031143090426
42738CB00008B/1202